AYMAR DE FLAGY.

VICOMTE A. DE ROQUEFEUIL.

Vita transit, manet memoria.

Alphonse DE ROQUEFEUIL.

Omnibus meritis egregius
patuit suis; seipsum et
inimicias ignovit.

La chose la plus rare et la plus difficile est de
se faire universellement aimer. Ne jamais exciter
ni susceptibilités, ni ressentiments, compter de
nombreux amis, et pas un seul ennemi, semble-
rait, à la plupart de nous, un problème insoluble;
car les sacrifices qu'on peut faire à l'opinion pu-
blique, et les efforts les plus persévérants pour
obtenir le suffrage de tous sont insuffisants. Etre
naturellement sympathique, inspirer pour ainsi
dire dès le premier abord, la bienveillance, la

confiance, l'affection, est un don spécial qui ne peut s'acquérir.

Alphonse de Roquefeuil avait ce don.

Il dût à un charme particulier, à un caractère loyal et bon, à une charité simple et vraie, à une distinction remarquable d'esprit et de cœur, la considération générale dont sa vie fût entourée, l'attachement profond de ceux qui le connaissaient intimement, et le respect de ses inférieurs.

Il faisait le bien par principe, mais il y trouvait aussi une grande jouissance, et portait à ceux qu'il secourait un intérêt paternel. Comme la bonté, innée en lui, était dirigée par un jugement ferme, et par une intelligence droite et pénétrante, il fût pour beaucoup de gens, dans différentes classes de la société, le meilleur des guides, et le plus utile des protecteurs; il ne se contentait pas de donner, avec discernement, des secours matériels, il y joignait des conseils et des encouragements; tout en assurant à ses protégés le pain du jour présent, il trouvait le moyen de leur faire gagner celui du lendemain, et sût parfois transformer des paresseux en travailleurs, et des hommes inutiles ou malfaisants, en honnêtes gens. Son activité ne se lassait de rien, et sa courte vie fût fortement et chrétiennement remplie.

Il avait la foi des Bretons! Ceci n'est point un mot légendaire : nous ne prétendons pas dire pourtant que la Bretagne soit, en toutes choses, supérieure au reste de la France, mais la foi y est plus grande qu'ailleurs, et, des croyances religieuses développées dès l'enfance, il reste, pendant tout le cours de la vie, une empreinte ineffaçable. On retrouvait cette empreinte dans toutes les actions d'Alphonse de Roquefeuil dont l'existence, sans devoirs publics, et en apparence sans but, ne fût jamais ni oisive, ni inutile.

Il y avait, à côté de sa volonté constante de faire le bien, un sentiment qui dominait tout, un enthousiasme fervent et profond pour une cause à laquelle il eût sacrifié sa fortune et sa vie, si l'heure de marcher et d'agir eût sonné.

Les Bretons, qui croient en Dieu, croient aussi, avec une foi égale, au droit héréditaire, au droit divin, et cette croyance fût toujours inébranlable dans l'esprit, ou pour mieux dire, dans l'âme d'Alphonse de Roquefeuil. Ardent défenseur du principe, son jugement ne s'égara cependant jamais : il voyait les choses telles qu'elles sont, et non pas telles qu'il eût souhaité qu'elles fussent. Il savait que nul ici-bas, qu'il soit sujet ou souverain, ne peut arrêter la marche du temps, ni effacer les souvenirs de l'histoire moderne, même en faisant revivre les souvenirs de la grande France d'autrefois ! Il comptait la majorité des masses pour une puissance qu'il faut diriger et non combattre, car un torrent, détourné de son cours impétueux, peut devenir fleuve navigable, mais aucune volonté humaine ne saurait faire remonter à ses flots envahisseurs, l'espace déjà parcouru.

Il aimait son pays, souffrait de ses désastres, de son abaissement momentané, des humiliations subies, et cette souffrance dominait encore de très-haut la peine qu'il ressentait en voyant triompher les partis opposés au sien.

Ses appréciations personnelles ne l'empêchaient pas d'obéir avec une entière soumission aux ordres de son maître, de son Roi. Semblable au soldat de l'Evangile, qui allait où on lui disait d'aller, il faisait ce qu'il lui était ordonné de faire. Mais à mesure que l'espérance de voir triompher une cause, à laquelle il eût tout sacrifié, s'éloignait, une inquiétude profonde envahissait son cœur. Et pourtant l'intérêt passionné qu'il attachait au triomphe de cette cause n'avait pas l'ambition pour base ; il servait avec un dévouement absolu le Prince exilé, et n'eût accepté du Roi, assis sur le trône, aucune faveur, aucune récompense, car, par goût, il cherchait l'ombre et le silence.

Une grande modestie était le trait le plus saillant de son caractère ; ne se rendant pas un juste compte de sa valeur intellectuelle et morale, il ne se mettait en avant que quand les circonstances le forçaient à s'y mettre ; il fallait que

l'urgence de diriger les gens et les choses lui fût
démontrée de la façon la plus évidente, la plus
impérieuse, pour qu'il sortît de son humble ré-
serve. Cette rare humilité, qui perçait dans ses
moindres actions comme dans ses actes les plus
importants, était une vertu naturelle et non ac-
quise ; indulgent pour tous, il fût toujours sévère
pour lui-même, et les imperfections qui, en lui,
échappaient à tous les regards, grandissaient à ses
propres yeux.

Cependant il ne possédait pas seulement les
qualités hautes et fortes que nous venons de
signaler, il était, en outre, homme du monde,
parfaitement aimable, et ses succès auraient dû
lui donner en son mérite une confiance qu'il n'eût
jamais. Il avait une grande courtoisie ; un aspect
distingué ; les traditions de l'ancien régime ;
l'esprit tour à tour sérieux et gai, et la répartie
facile sans courir après le mot heureux. Il aimait
à causer, et surtout à entendre causer ceux dont
la conversation valait la peine d'être écoutée ; avec
les vieillards, il devenait un homme de leur âge ;
avec les jeunes gens, il avait vingt ans de moins
que le sien ; dans un salon, il tenait, sans s'en
apercevoir, une des premières places, et sa simplicité même contribuait à lui assurer partout une
situation enviable, car quiconque « se présente
les armes à soi-même, » dispense les autres de

tout hommage. Tant de gens, d'ailleurs, croient être *quelqu'un* et ne sont rien ! Lui, au contraire, qui joignait sa valeur personnelle au reflet d'un nom noblement transmis et noblement porté, n'était vain ni de la place conquise par ses aïeux, ni de celle qu'il avait su garder à une époque où le passé compte pour rien quand le présent n'est pas à son niveau.

L'origine des Roquefeuil se perd parmi les plus anciens souvenirs de la monarchie française. Issus des Comtes de Nîmes, ils battaient, au douzième siècle, monnaie à leur effigie et à leur nom. Ils eurent deux représentants aux Croisades et un Grand Maître du Temple, en 1168. En 1227, Arnaud de Roquefeuil, religieux de l'ordre des Cordeliers, se fit relever de ses vœux pour empêcher l'extinction de sa race, et il épousa Béatrix d'Anduze, veuve de Sanche, Roi de Navarre; à dater de cette époque, les Roquefeuil substituèrent, par ordre du Souverain-Pontife, des Cordelières à leurs premières armes. Une de leurs branches, établie en Espagne, au treizième siècle, fût élevée à la Grandesse; depuis, la maison de Roquefeuil, dont le chef porte le titre de marquis, produisit un Grand Maître de Malte, un lieutenant général des armées navales, un chef d'escadre, un vice-amiral, et plusieurs de ses membres furent admis aux honneurs de la Cour.

La vicomtesse, mère d'Alphonse de Roquefeuil, était d'origine florentine ; son nom fût illustré par Maffeo Barberini, élu Pape, en 1623, sous le nom d'Urbain VIII.

Alphonse de Roquefeuil était donc petit-neveu d'Urbain VIII, et petit-fils de la reine Béatrix de Navarre.

Si nous rappelons ici les grandeurs de sa race, c'est pour faire ressortir mieux encore la simplicité de sa vie, la modestie, déjà citée, de cette nature d'élite, à laquelle les petitesses de la vanité, et les grandes impressions de l'orgueil étaient inconnues. Il ne se souvint des gloires attachées à son nom que pour honorer la mémoire de ses ancêtres par une loyauté antique, principe de toutes ses actions et par un attachement chevaleresque à la personne du Prince qui était pour lui, ce qu'il eût été pour eux: *le Roi !*.

Si celui dont nous essayons d'esquisser les traits fût sujet fidèle, chrétien charitable, homme distingué, il fut aussi, dans sa famille, l'appui généreux et le sage conseiller de tous ceux qui eurent besoin de son expérience et de son dévouement. L'égalité sereine de son humeur, son abnégation dans les petites, comme dans les grandes choses, jetaient sur les relations intimes du foyer un charme infini ! il aimait à recevoir des amis, et même des étrangers ; son accueil rappelait l'hospitalité d'autrefois; il semblait être l'obligé de ceux qui venaient chez lui, et sa manière d'être envers eux, un remerciement du plaisir qu'ils lui faisaient; dans sa maison, toujours remplie de gens heureux d'y être si bien reçus, les moindres réunions prenaient un aspect de fête.

Tout en s'étant effacé autant qu'il le pouvait pendant tout le cours de sa vie, il tenait donc une grande place parmi les siens, dans le monde, et dans le parti auquel il appartenait.

Quelques mois avant sa fin rapide et prématurée, une vague mélancolie s'empara de lui; un pressentiment, que rien ne semblait motiver, l'avertit qu'il approchait du terme de son existence; il en parla plus d'une fois, avec calme et résignation. Puis, quand, aux derniers jours, il vit approcher la mort, il ne laissa paraître aucun effroi et donna l'exemple de la soumission la plus absolue à la volonté de Dieu. Il était prêt, et il marcha d'un pas ferme et en souriant vers l'éternité.

En écrivant ces lignes, notre but n'est pas de rendre hommage à un ami qui nous fût cher; sa modestie était telle que parler de lui est presqu'une offense à sa mémoire; mais garder l'empreinte morale de sa loyale et douce figure est une consolation pour ceux qui l'ont aimé; à côté du portrait qui rappelle ses traits, nous avons

voulu placer celui de son caractère, de son âme,
pour le revoir toujours tel qu'il fût.

Vita transit, manet memoria.

Nancy. — Imp. de VAGNER, rue du Manége, 3.

1st

www.ingramcontent.com/pod-product-compliance
Lightning Source LLC
Chambersburg PA
CBHW070439080426
42450CB00031B/2729